Парамаханса Јогананда
(1893–1952)

Научне Исцељујуће Афирмације

Теорија и Пракса Концентрације

Парамаханса Јогананда

*Научна Употреба Концентрације
и Афирмација за Исцељивање Неравнотежа Тела,
Ума и Душе Путем Разума, Воље, Осећаја и Молитве*

Наслов оригинала на енглеском језику у издању:
Self-Realization Fellowship, Лос Анђелес (Калифорнија):
Scientific Healing Affirmations

ISBN: 978-0-87612-145-0

Превод на српски језик: Self-Realization Fellowship

Copyright © 2025 Self-Realization Fellowship

Сва права задржана. Осим кратких цитата у критичким освртима на књигу, ниједан део књиге *Научне Исцељујуће Афирмације* (*Scientific Healing Affirmations*) не сме да се репродукује, чува, преноси, нити приказује ни у којем облику, као ни на било који начин (електронски, механички, нити било који други) који је досад познат или ће се тек измислити —укључујући фотокопирање, снимање или било какав систем похрањивања и приступа информацијама—без претходног писменог одобрења од Self-Realization Fellowship.

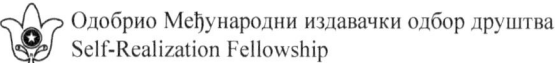 Одобрио Међународни издавачки одбор друштва Self-Realization Fellowship

Име друштва *Self-Realization Fellowship* и његов амблем (приказан горе) појављују се на свим књигама, аудио, видео и осталим издањима SRF-а, чиме читаоцу гарантују да је ово дело потекло од стране друштва које је основао Парамаханса Јогананда и да као такво верно преноси његова учења.

Прво издање на српском, 2025.
First edition in Serbian, 2025
Ово издање, 2025.
This printing, 2025

ISBN: 978-1-68568-304-7

5078-J8980

*Посвећено мом Гурудеви,
Гјанаватару Свамију Шри Јуктешвару,
с љубављу, поштовањем
и преданошћу*

О Овој Књизи

Када је Парамаханса Јогананда први пут увео, пре више од деведесет година, принципе и технике представљене у *Научним Исцељујућим Афирмацијама*, открића која су тада учинила да „исцељивање ума и духа" постану позната реч у сваком домаћинству, била су деценијама далеко. Током тих година овај пионирски рад је стотине хиљада читалаца подучавао основне вештине директног приступања и примене изузетне исцељујуће моћи скривене у сваком људском бићу – вештине које сада проналазе свој пут у конвенционалној медицини кроз конвергентну визију физике, психологије, неуронауке и духовности.

Управо је током серије предавања 1924. године у Портланду, савезна држава Орегон, Парамаханса Јогананда по први пут представио јавности своја учења о науци афирмација и божанском исцељивању. Од тада су молитвене афирмације – заједно са фасцинантним објашњењима научних и духовних принципа који их чине ефикасним – постале главна тема његових предавања и серије часова о јога филозофији и медитацији, који су дупком пунили аудиторијуме у већим градовима широм Сједињених Држава. Чланак у *Вашингтон посту* 17. јануара 1927. године описује једну од таквих ситуација:

„У Вашингтонском аудиторијуму су се више од 5000 особа, од којих су неке истакнуте у локалном друштву, придружиле и певале полагане, јогијске песме научно исцељујућих служења које је предводио Свами Јогананда, индијски учитељ, метафизичар и психолог, оснивач неколико Јогода центара у овој земљи.

"Полагана инкантација завршила је с неколико продужених понављања речи: „Ја сам потпун јер си Ти у мени", речи [Ом] од којих је последња трајала дуже од минута….

"Свами је објаснио да се моћ исцељивања привлачи концентрацијом, преданошћу и вером у афирмације од Светог Духа, или Бога самог, па се преноси публици путем вибрирајућег звука, за који је рекао да узрокује хемијску промену у телесним ћелијама и нови поредак ћелија мозга, наравно, уз услов да се прималац вибрирајућих таласа адекватно концентрише и да је прожет преданошћу."

„Вера твоја спасла те је". Парамаханса Јогананда је често цитирао ове речи Исуса Христа, указујући на то да је унутрашња пријемчивост од кључне важности за ефикасност исцељења. Дневне новине *The Cincinnati Enquirer* су 16. октобра 1926. године цитирале ауторове властите речи о исцељујућој моћи певања и афирмација: „Пред неувежбаном публиком од 3000 људи у Карнеги холу у Њујорку, као и пред скоро сличним мноштвом у Меморијалној дворани војника у Питсбургу, без икакве пробе, почео сам да певам и замолио публику да ме прати. За време певања и афирмација тражим од публике да се опусти и да с разумевањем изговара афирмације за здравље, просперитет и духовну спознају...

"Индијски свеци из древне прошлости познавали су умеће вибрирања одређених нота у ваздуху путем специфичних интонација њихових Ведских песама, које су деловале као подстицаји да пробуде тиху исцељујућу моћ Бога и космичку енергију да брзо делује у растеривању болести, туге или сиромаштва."

Недуго након што је Парамаханса Јогананда почео да држи горе наведена јавна предавања, друштво које је основао објавило је *Научне Исцељујуће Афирмације* и од тада се стално штампају. Током година друштво Self-Realization Fellowship је у неколико наредних издања проширило књигу како би се укључиле додатне афирмације које је Шри Јогананда додао у каснијим говорима и предавањима. За време

Научне Исцељујуће Афирмације

1930-тих и '40-тих, велики учитељ је готово увек започињао или завршавао своје инспиративне службе у Self-Realization Fellowship храмовима које је основао тако што је све присутне уводио у афирмацију за исцељење, или за буђење снаге воље или преданости или перцепције Божјег присуства.

Ова књига – као, додуше, сва дела Парамахансе Јогананде – представља редак феномен у издавачком свету: књига чија популарност није досегла врхунац и онда пала у року од пар година од објављивања, већ чија је широка привлачност стабилно расла деценију за деценијом. Сада нова генерација открива овај класичан водич за исцељивање чаробном моћи животне енергије – *праном*, животном силом – есенцијом не само исцељујућих наука виших древних цивилизација, већ и лека будућности за ум и тело.

—*Self-Realization Fellowship*

Духовно наслеђе Парамахансе Јогананде

Сва Његова Дела, Предавања и Неформални Говори

Парамаханса Јогананда је 1920. године основао друштво Self-Realization Fellowship[1] како би своја учења пренео широм света и како би очувао њихов интегритет и чистоту за генерације које долазе. Као плодан писац и предавач још од својих најранијих година у Америци створио је значајан и обиман опус о јогијској науци медитације, умећу уравнотеженог живљења и скривеном јединству свих великих религија. Данас ово јединствено и далекосежно духовно наслеђе наставља да живи и инспирише милионе трагаоца за истином широм света.

---

1 Буквално „Друштво за Самоспознају". Парамаханса Јогананда је објаснио да име Self-Realization Fellowship означава „Заједништво са Богом кроз спознају самог Себе и пријатељство са свим душама које трагају за истином".

Научне Исцељујуће Афирмације

У складу са изричитом жељом великог учитеља, друштво Self-Realization Fellowship је наставило задатак издавања и одржавања у штампи сабраних дела Парамахансе Јогананде (*The Complete Works of Paramahansa Yogananda*). Та дела укључују не само коначна издања свих књига које је објавио за време свог живота, већ и многе нове наслове – дела која су у тренутку његове смрти 1952. године остала необјављена или која су током година излазила у серијама у незавршеном облику у часопису *Self-Realization Fellowship magazine*, као и стотине дубоко инспиративних предавања и неформалних говора који су снимљени/забележени, али нису били штампани или објављени пре његове смрти.

Парамаханса Јогананда је лично изабрао и обучио оне блиске ученике који су сачињавали Одбор за публикације друштва Self-Realization Fellowship (Self-Realization Fellowship Publications Council) и дао им специфичне смернице за припремање и издавање његових учења. Чланови Одбора за публикације друштва Self-Realization Fellowship (Self-Realization Fellowship Publications Council) (монаси и монахиње који су положили доживотни завет одрицања и несебичног служења) придржавају се ових смерница као светог задатка како би универзална порука овог вољеног светског учитеља наставила да живи у својој оригиналној моћи у аутентичности.

Амблем друштва Self-Realization Fellowship (приказан на претходној страници) дизајнирао је Парамаханса Јогананда како би идентификовао непрофитно друштво које је основао као ауторизовани извор његових учења. Назив SRF и амблем појављују се на свим публикацијама и снимцима друштва Self-Realization Fellowship, чиме читаоцу гарантују да је ово дело потекло од стране организације коју је основао Парамаханса Јогананда и да као такво преноси његова учења онако како је он то желео.

—*Self-Realization Fellowship*

Садржај

О Овој Књизи vii

Духовно наслеђе Парамахансе Јогананде xi

I део
Теорија Исцељења

1. Зашто Афирмације Делују 3

    Духовна Моћ у Човековој Речи 4

    Човекова Богом дана Моћ 5

    Употреба Воље, Осећаја и Разума 6

    Ментална Одговорност за Хроничне Болести 7

    Неопходне су Пажња и Вера 8

2. Животна Енергија Узрокује Излечење....................11

    Излечење у Складу са Темпераментом 12

    Моћ Емоција и Воље 13

    Стимулација Животне Енергије 15

    Истина је Моћ у Афирмацији 18

3. Исцељивање Тела, Ума и Душе 19

За Превенцију Физичке Болести 20

За Превенцију Менталне Болести 23

За Превенцију Духовне Болести 24

Евалуација Исцељујућих Метода 25

Божји Закони Примењени на Материју 26

Стицање Моћи над Животном Енергијом 27

4. Природа Креације 29

Свест и Материја 30

Мисао је Најсуптилнија Вибрација 31

Човекова Искуства у Стању Снова 32

Маја или Космичка Илузија 33

Потребе Грешног Човечанства 34

„Мудрост је Најбољи Чистач" 35

Људска и Божанска Свест 35

Уздајте се у Божанску Моћ Унутар Вас 36

II део

Начин Практиковања

5. Техника Афирмације 39

Прелиминарна Правила 39

Душом Инспирисане Афирмације 44

    Прогресивни Стадијуми Певања 45

    Ом или Амин, Космички Звук 46

    Три Физиолошка Центра 47

6. Научне Исцељујуће Афирмације 49

    Афирмације за Генерално Исцељивање 49

    Афирмације Снагом Мисли 56

    Исправно Усмеравање Разума 57

    Афирмације Снагом Воље 59

    Афирмације за Мудрост 60

    Закони Материјалног Успеха 63

    Афирмација за Материјални Успех 65

    Искорењивање Незнања Душе 67

    Афирмације за Духовни Успех 68

    Афирмација за Психолошки Успех 70

    Комбиноване Методе 72

    Побољшавање Вида 72

    Афирмација за Очи 73

    Вежба за Стомак 74

    Вежба за Зубе 75

    Унутрашњи Рај 75

    Методи за Контролу Сексуалног Нагона 76

    Афирмације за Чистоту 77

Садржај

Лечење Лоших Навика 78
Афирмације за Слободу 79
Молитве Божанском Оцу 80

О Аутору 83
Јоги у Животу и Смрти 85
Додатни Извори 89
Лекције друштва Self-Realization Fellowship 90

I ДЕО

ТЕОРИЈА ИСЦЕЉЕЊА

1
Зашто Афирмације Делују

~

Човекова реч је дух у човеку. Изговорене речи су звукови изазвани вибрацијама мисли; мисли су вибрације које шаље его или душа. Свака реч коју изговорите, треба бити обогаћена вибрацијама душе. Човекове речи су безживотне ако их он не прожме духовном силом. Причљивост, претеривање или лагање чине ваше речи неефикасним, налик на папирне метке који излазе из играчке-пушке. Мало је вероватно да ће говор и молитве расплинуте или непрецизне особе произвести благотворне промене у поретку ствари. Човекове речи представљају не само истину, већ и његово чврсто разумевање и спознају. Говор без силе душе је попут љуски без кукуруза.

Духовна Моћ у Човековој Речи

Речи прожете искреношћу, уверењем, вером и интуицијом су попут високо-експлозивних вибрацијских бомби које, када се активирају, разнесу стене невоља и створе жељену промену. Избегавајте да говорите непријатне речи, чак и када су истините. Искрене речи или афирмације које се понављају са разумевањем, са осећајем и вољом свакако ће покренути Свеприсутну Космичку Вибраторну Силу да вам пружи помоћ у тренутку невоље. Обратите се тој Моћи са бесконачним поверењем, одбацивши сваку сумњу; у противном, стрела ваше пажње ће, уместо у мету, скренути у страну.

Након што сте у земљи Космичке Свести посејали ваше вибраторно семе молитви, немојте често да га чупкате како бисте видели да ли је проклијало или није. Дајте божанским силама шансу да ради без прекидања.

Човекова Богом дана моћ

Ништа није веће од Космичке Свести или Бога. Његова моћ далеко надилази моћ људског ума. Тражите само Његову помоћ. Али овај савет не значи да треба да будете пасивни, инертни или лаковерни; нити да треба да умањите моћ властитог ума. Господ помаже онима који помажу сами себи. Он вам је дао снагу воље, концентрацију, веру, памет и здрав разум да их користите кад покушавате да се отарасите телесних и менталних патњи; треба да упрегнете све те моћи док истовремено позивате Бога.

Док изговарате молитве или афирмације, увек верујте да користите *ваше властите*, али *Богом-дане* моћи да излечите себе или друге. Тражите Његову помоћ, али знајте да ви сами, као Његово вољено дете, користите Његове дарове воље, емоција и разума да бисте решили све тешке животне проблеме. Треба успоставити равнотежу између средњовековне идеје о потпуној зависности од Бога и модерног начина искључивог ослањања на его.

Употреба Воље, Осећаја и Разума

Како будете користили различите афирмације, тако треба да промените став вашег ума. На пример, афирмације за вољу треба да буду праћене снажном одлучношћу; афирмације за осећаје треба да буду праћене преданошћу, а афирмације за разум јасним разумевањем.

Приликом исцељивања других, изаберите афирмацију која је прикладна конативном, имагинативном, емоционалном или мисаоном темпераменту вашег пацијента. У свим афирмацијама на првом месту је интензитет пажње, али континуитет и понављање такође су изузетно важни. Интензивно и понављано прожимајте ваше афирмације преданошћу, вољом и вером, без да бринете о резултатима, који ће природно уследити као плод вашег рада.

Током физичког процеса излечења, пажња не би требала да буде усмерена на болест, да се вера не би снуждила, већ на бесконачне моћи ума. Током менталног превазилажења страха, љутње, лоших навика итд., концентрација треба да буде усмерена на супротан квалитет; другим речима, лек за страх је свест о храбрости; за љутњу, мир; за слабост, снага; за болест, здравље.

Ментална Одговорност за Хроничне Болести

Приликом покушаја исцељивања, људи се често концентришу више на обузимајућу моћ болести него на могућност излечења, чиме допуштају болести да буде и ментална и физичка навика. Ово је посебно истина у многим случајевима нервозе. Свака мисао о депресији или срећи, иритабилности или смирености, резбари суптилне бразде у ћелијама мозга и оснажује тенденције према болести или благостању.

Подсвесна идеја-навика болести или здравља врши јак утицај. Тврдоглаве менталне и физичке болести увек имају дубок корен у подсвести. Болест може да се излечи извлачењем њених скривених корена. Зато све афирмације свесног ума треба да буду *довољно упечатљиве* да прожму подсвест, која онда аутоматски утиче на свесни ум. Јаке свесне афирмације тако утичу на ум и тело путем медијума подсвести. Још снажније афирмације допиру не само до подсвесног, него и до надсвесног ума – чаробног складишта чудесних моћи.

Истините изјаве треба да се изговарају вољно, слободно, интелигентно и са преданошћу. Ваша пажња не сме да заостаје. Ако вам пажња одлута, треба да је вратите опет и опет, попут несташног детета, те је поновно и стрпљиво обучавати да обавља дани задатак.

Неопходне су Пажња и Вера

Све афирмације, да би допрле до надсвести, морају да буду ослобођене од несигурности и сумњи. Пажња и вера су светла која воде чак и погрешно схваћене афирмације до подсвесног и надсвесног ума.

Стрпљење и пажљиво, интелигентно понављање чине чуда. Афирмације за излечење хроничних менталних или телесних болести треба да се понављају често, дубоко и непрекидно (у потпуности игноришући непромењена или супротна стања, уколико их има), све док не постану део ваших дубоких интуитивних уверења. Боље је умрети, ако смрт мора да наступи, са уверењем у савршено здравље, него са мишљу да је ментална или физичка болест неизлечива.

Иако је смрт можда неопходан крај тела према садашњем људском знању, његов „судбински тренутак" ипак може да се промени снагом душе.

2
Животна Енергија Узрокује Излечење

∽

Исус је рекао: „Не живи човек по самом хлебу, но по свакој речи која излази из уста Божјих."[1]

„Реч" је животна енергија или космичка вибраторна сила. „Уста Божја" су продужена мождина у постериорном делу мозга, која прелази у кичмену мождину. Овај, најбитнији део људског тела, је божански улаз („уста Божја") за „реч" или животну енергију која одржава човека. У Хиндуистичким и Хришћанским светим списима Реч се назива *Ом*, односно *Амин*.

Сама Савршена Моћ је она која исцељује. Сви спољашњи методи стимулације само сарађују са животном енергијом и без ње немају никакву вредност.

---

1 Матеј 4:4. Види и Јован 1:1: „У почетку беше Реч, и Реч беше у Бога, и Бог беше Реч."

Излечење у Складу са Темпераментом

Медицина, масажа, намештање кичме или електрична терапија могу да помогну да се хемикализацијом крви или физиолошком стимулацијом ћелијама врати изгубљено стање равнотеже. То су спољашње методе који понекад помажу животној енергији да изазове излечење, али они немају моћ да делују на мртво тело из којег је животна енергија ишчезла.

Имагинација, разум, емоције, вера, воља или напрезање могу да се користе у складу са специфичном природом појединца – било да је имагинативне, интелектуалне или емоционалне природе, или да има високе аспирације или снажну вољу. Врло мало људи зна за то. Куе је наглашавао вредност аутосугестије[2], али интелектуални тип особе није подложан сугестији, већ је под утицајем само

---

[2] Куеова психотерапија се оснивала на моћи имагинације, а не на вољи. Користио је формуле, као што је добро позната: „Свакога дана у сваком погледу све више напредујем", које треба да се понављају опет и опет док је ум у стању пријемчивости, што се базирало на теорији да ће оне продрети у подсвест и елиминисати идеје које имају тенденцију да узрокују стрес и болест.

метафизичке дискусије снаге свести над телом. Он мора да схвати разлоге и узроке менталне моћи. Ако би, на пример, могао да схвати да жуљеви могу да настану хипнозом, као што је Вилијам Џејмс навео у *Принципима психологије,* на сличан начин може да схвати да моћ ума може да излечи болест. Ако ум може да доведе до лошег здравља, може да доведе и до доброг здравља. Моћ ума је развила различите делове тела; ум надгледа производњу физичких ћелија и може да их ревитализује.

Аутосугестија је такође бескорисна када је у питању човек којег одликује снажна снага воље. Он може да се излечи од болести афирмацијама које стимулишу његову вољу, радије него имагинацијом. Међутим, аутосугестија је корисна особама чији темперамент је углавном емоционалне природе.

Моћ Емоција и Воље

Забележен је случај емоционалне особе која је изгубила моћ говора, али га је повратила приликом бега из зграде која је горела. Изненадни шок при погледу на пламенове навео га је да повиче: „Пожар!

Пожар!" – не сетивши се у том тренутку да не може да говори. Јаке емоције превладале су његову подсвесну навику болести. Ова прича илуструје исцељујућу моћ интензивне пажње.

За време мог првог путовања парним бродом од Индије до Цејлона, изненада ме опчинила морска болест и изгубио сам цењену садржину желудца. Био сам изузетно огорчен – то искуство ми се десило у тренутку док сам уживао у првом доживљају плутајуће собе (кабине) и пливачком насељу. Одлучио сам да никад више не будем преварен на такав начин. Закорачио сам и чврсто спустио ногу на под кабине те заповедио мојој вољи да никад више не прихвати доживљај морске болести. Касније, иако сам био на води читавих месец дана на путу до Јапана и назад до Индије, те педесет дана од Калкуте до Бостона, па двадесет шест дана од Сијетла до Аљаске и назад, никад ме није поново спопала морска болест.

Стимулација Животне Енергије

Воља, имагинација, разум или емоционална снага не могу саме по себи да утичу на физичко излечење. Оне делују искључиво као различита средства која, у складу са различитим темпераментима појединца, могу да стимулишу животну енергију да излечи болест. У случају парализе руке, ако се воља или имагинација континуирано стимулишу, животна енергија може изненада да појури према оболелим живчаним ткивима и да излечи руку.

Понављање афирмација треба да буде одлучно и континуирано, да би снага воље, разума или емоција била довољна да стимулише неактивну животну енергију и да је преусмери у уобичајене канале. Никада немојте да умањујете важност *све дубљег, понављаног* труда.

Код садње биљака успех зависи од два фактора: потенцији семена и прикладности тла. Слично томе, приликом лечења болести, основне ствари су моћ исцелитеља и пријемчивост пацијента.

„И одмах Исус осети у себи силу (другим речима, исцељујућу моћ) што изађе из Њега" и „Твоја вера те је спасла"³: ови библијски цитати показују да су и моћ исцелитеља и вера болесне особе неопходне.

Велики исцелитељи, особе које су постигле божанску спознају, не лече случајно већ егзактним знањем. Будући да у потпуности разумеју контролу животне енергије, пројектују стимулишућу струју у пацијенту која хармонизује његов властити ток животне енергије. За време исцељивања они заправо виде психофизичке законе Природе који делују у ткивима болесне особе и доносе излечење.

Особе које одликује ниже духовно постигнуће такође могу да лече себе и друге визуализацијом и усмеравањем прилива животне енергије у погођени део тела.

Моментално излечење физичких, менталних и духовних болести је могуће. Годинама акумулисана тама одједном се распрши када се доведе светло, без покушаја да се тама истера. Нико не може да зна када ће се излечити, тако да немојте да постављате временско ограничење. Вера, а не време, одређује када ће наступити излечење. Резултати зависе од

---

3 Марко 5:30, 34.

исправног буђења животне енергије и од свесног и подсвесног стања особе. Неверица имобилизује животну енергију и спречава савршен рад овог божанског доктора, градитеља тела и главног клесара.

Труд и пажња су од суштинске важности за постизање степена вере, снаге воље или имагинације који ће аутоматски подстаћи животну енергију да изазове лечење. Жеља за резултатима или очекивање резултата ослабљују силу истинског веровања. Без употребе воље и вере, животна енергија остаје успавана или неактивна.

Потребно је време да се оживи ослабљена моћ воље, вере или имагинације код пацијента који болује од хроничне болести, јер су мождане ћелије суптилно ужлебљене мислима о болести. Као што је потребно дуго времена да се формира лоша навика свести о болести, тако је потребно неко време да се формира добра навика свести о здрављу.

Ако афирмишете: „Ја сам добро", али у позадини вашег ума мислите да то није тачно, ефекат је исти као да сте узели користан лек и у исто време прогутали лек који поништава дејство тог лека. Кад користите мисли као лек, треба да будете пажљиви да исправне мисли не неутралишете погрешним мислима. Да би мисао била активна и успешна, мора да буде прожета таквом снагом воље да може да се одупре опозицији супротних мисли.

Истина је Моћ у Афирмацији

Мисли морају исправно да се схвате и примене пре него што постану ефикасне. Идеје прво уђу у човеков ум у сировом или непробављеном облику; морају да се прилагоде дубоким размишљањем. Мисао, без уверења душе која стоји иза те мисли, је безвредна. Зато људи који користе афирмације без да разумеју истину на којој се оснивају – човеково неодвојиво јединство с Богом – добију слабе резултате и жале се да мисли немају моћ исцељивања.

3
Исцељивање Тела, Ума и Душе

∽

По свом моралном аспекту, човек је тројствено биће. Тежи слободи од свих врста патњи. Његове потребе су:

1. исцељивање телесних болести

2. исцељивање менталних или психолошких болести као што су страх, љутња, лоше навике, свест о неуспеху, недостатак иницијативе и самопоуздања, итд.

3. исцељивање духовних болести као што су равнодушност, недостатак сврхе, интелектуални понос и догматизам, скептицизам, задовољство материјалном страном егзистенције те непознавање закона живота и човекове властите божанскости.

Од врхунске је важности да се једнак нагласак да и превенцији и лечењу све три врсте болести.

Пажња већине људи је фиксирана искључиво на лечење телесних дисхармонија јер су толико опипљиве и очигледне. Они не схватају да су њихове менталне сметње попут брига, егоизма и слично и њихова духовна слепоћа на божанско значење живота прави узроци све људске патње.

Кад човек уништи менталне бактерије нетолеранције, беса и страха, кад ослободи душу незнања, мало је вероватно да ће патити од физичких болести или менталног недостатка.

За Превенцију Физичке Болести

Придржавање Божјих физичких закона начин је да се избегну телесне болести.

Немојте да се пређедате. Већина људи умре као резултат похлепности и из незнања о правилним прехрамбеним навикама.

Придржавајте се Божјих закона о хигијени. Хигијена у смислу одржавања ума чистим је изнад физичке хигијене, али је и она важна и не сме да се запостави. Међутим, немојте да живите по толико ригидним правилима да вас и најмање одступање од уобичајених навика узнемири.

Спречите распадање у телу знањем о очувању физичке енергије и снабдевањем тела неисцрпном количином животне струје вежбама друштва Self-Realization Fellowship.

Спречите отврдњавање артерија исправном исхраном.

Поштедите срце од превише рада; страх и љутња га превише опорезују. Одморите срце методом Self-Realization-а и култивишите смирени став ума.

Процењује се да се сваком контракцијом из две срчане коморе истискује 110 ml крви, што значи да током једног минута изађе око 7 литара крви. У току једног дана та количина износи десет хиљада литара, а за целу годину скоро 4 тоне. Ови бројеви упућују на огромну количину рада које срце обавља.

Пуно људи верује да се срце одмара током дијастолног периода експанзије, што чини укупно девет од двадесет четири сата сваког дана. Међутим, овај период није прави одмор – то је само припрема за систолну активност. Вибрације узроковане контракцијом комора одјекују ткивом срца током релаксације, према томе, срце се не одмара.

Енергија која се дању и ноћу улаже природно троши мишиће срца. Одмарање тих мишића би према томе било од велике важности при одржавању здравља. Свесна контрола спавања, спавање и буђење снагом воље, део су јога обуке којом човек може да регулише откуцаје срца. Контрола над смрћу долази кад особа може свесно да усмери активност срца. Одмор и енергија за обнављање коју телу пружа сан само су бледи одраз предивног мира и снаге који долазе „свесним спавањем" кад се чак и срце одмара.

Св. Павле је у првој посланици Коринћанима (15:31) рекао: „*Сваки дан умирем*, тако ми, браћо, ваше славе, коју имам у Христу Исусу Господу нашем." – другим речима, свети мир који наступи доласком Христове свести одмара или заустави срце. Пуно одломака у Библији открива да су древни пророци познавали велику истину о одмарању срца научном медитацијом или једноусмереном преданошћу према Богу.

Године 1837. у Индији је, по налогу Махараџе Ранџита Синга од Пунџаба, познати факир по имену Саду Харидас био закопан под земљом у контролисаном експерименту. Јоги је остао закопан четрдесет дана у зидом ограђеном простору под сталном војном стражом. На крају тог периода су га ископали, а том чину су били присутне бројне угледне личности из суда, као и пуковник господин Ц. М. Вејд из Лондона и неколицина других Енглеза из околине. Саду Харидас је наставио да дише и вратио се нормалном животу. У претходном тестирању које је провео Раџа Дјан Синг у граду Џаму у Кашмиру, Саду Харидас је остао закопан четири месеца. Овладао је умећем контроле и одмарања срца.

За Превенцију Менталне Болести

Култивишите мир и веру у Бога. Ослободите ум од свих узнемирујућих мисли и напуните га љубављу и радошћу. Спознајте супериорност менталног исцељења над физичким исцељењем. Истребите лоше навике које живот чине бедним.

Научне Исцељујуће Афирмације

За Превенцију Духовне Болести

Продуховите тело уништавањем свести о смртности и промени. Тело је материјализована вибрација и треба да се спозна као такво. Свест о болести, распадању и смрти треба да се избаци научним разумевањем темељних обједињујућих закона о материји и Духу, као и о илузорној манифестацији Духа као материји, Бесконачног као коначног. Чврсто верујте да сте створени по слици Оца и да сте према томе бесмртни и савршени.

Чак су и честица материје или талас енергије неуништиви, као што је наука доказала. Душа или духовна есенција човека је такође неуништива. Материја је подложна промени, а душа променљивим искуствима. Радикалне промене називају се смрт, али смрт или промена облика не мења нити уништава духовну есенцију.

Подучавају се различити методи концентрације и медитације, али методи друштва Self-Realization Fellowship су најефикаснији. Примењујте у свакодневном животу доживљај мира и смирености који примите током концентрације и медитације.

Одржавајте ваш еквилибријум у сред тешких околности. Не препуштајте се насилним емоцијама; стојте усправни и непотресени неповољним променама догађаја.

Евалуација Исцељујућих Метода

Болест се генерално сматра резултатом спољних материјалних узрока. Мало људи зна да наступа услед неактивности животне силе у нама. Ако се ћелија- или ткиво-возило животне енергије озбиљно оштете, животна енергија се повуче са тог места и као последица тога, почну невоље. Лек, масажа и струја само помажу да се стимулишу ћелије на начин да се животна енергија побуди и врати, те да настави свој посао одржавања и поправљања.

Не треба да идемо у екстреме ни на који начин, али треба да усвојимо које год методе излечења су прикладне, у складу са нашим индивидуалним уверењем. Лекови и храна имају дефинитивно хемијско деловање на крв и ткива. Докле год једемо храну, зашто бисмо порицали да лекови и друга материјална помоћна средства такође имају ефекат на тело?

Корисни су докле год у човеку превладава материјална свест. Међутим, имају они своја ограничења будући да се примењују споља. Најбољи методи су они који помажу да се животна енергија поврати својим интерналним исцељујућим активностима.

Лек може хемијски да буде од помоћи крви и ткивима. Употреба електричних уређаја такође може да буде од користи. Али ни лек ни струја не могу да излече болест. Они могу само да стимулишу или да намаме животну енергију да се врати у занемарени оболели део тела. Увођење страног елемента, било да је лек или струја или било које друго помоћно средство, није пожељно ако можемо да директно користимо животну силу.

Божји Закони Примењени на Материју

Лековите масти могу бити корисне за свраб, ране, посекотине и тако даље. Ако поломите руку или ногу, није потребно да животној енергији дате тешкоће да спаја раздвојене кости кад хирург (Божје дете и према томе способан да служи као Његов инструмент) може да их намести користећи своје вештине и познавање Божјих закона примењених на материју. Ако можете моментално да излечите поломљене кости снагом менталне моћи, урадите то. Али не би било мудро да чекате док не постигнете ту моћ.

Постом, масажом, остеопатским третманом, киропрактичарским намештањем пршљенова, јога положајима итд., можемо да помогнемо да се уклони или ублажи застој у живцима или пршљеновима и да омогућимо слободан проток животне енергије.

Стицање Моћи Над Животном Енергијом

С друге стране, ментално излечење је изнад свих осталих метода физичког излечења зато што су воља, имагинација, вера и разум стања свести која заправо и директно делују изнутра. Они обезбеђују мотивациону снагу која стимулише и усмерава животну енергију да постигне било који одређени задатак.

Аутосугестија и разне афирмације су корисни при стимулацији животне енергије, али будући да практичар често користи те чисто менталне методе без да свесно ради са животном енергијом, те због тога не успева да успостави икакву физиолошку повезаност, па нису увек ефикасни. Излечење је сигурно ако се психофизичке технике комбинују са снагом воље, вером и разумом да усмере животну енергију и да досегну надсвесни ум. У том блаженом стању Стварности човек разуме неодвојиво јединство материје и Духа и решава све проблеме несклада.

Учења друштва Self-Realization Fellowship пружају *modus operandi* за искоришћавање воље да усмери кретање вибрирајуће животне енергије ка било ком делу тела. Овим методом особа на дефинитиван начин осећа унутрашњи ток космичке вибраторне силе.

4
Природа Креације

～

Материја не постоји на начин на који ми то обично замишљамо. Ипак, постоји као космичка илузија. Да би се одагнала илузија, потребан је дефинитивни метод. Не можете да излечите особу зависну од дрога у једном тренутку. Материјална свест обузима човека законом илузије и он не може да је се одагна осим ако не научи и придржава се супротног закона – закона истине.

Дух је, серијом процеса материјализовања, постао материја. Према томе, материја проистиче и не може да буде различита од свог узрока, Духа. Материја је делимична експресија Духа, Бесконачног које се појављује као коначно, Неограниченог као ограничено. Али будући да је материја само Дух у илузорној манифестацији, материја сама по себи не постоји.

Свест и Материја

На почетку креације, до тада неманифестован Дух пројектовао је две природе – једна је била свест, а друга материја. Оне су Његове две вибраторне експресије. Свест је финија, а материја грубља вибрација једног трансценденталног Духа.

Свест је вибрација Његовог субјективног аспекта, а материја објективног аспекта. Дух је, као Космичка Свест, потенцијално иманентан у објективној вибраторној материји, а манифестује се субјективно као свест присутна у свим облицима креације, која досеже своју највишу експресију у људском уму са његовим безбројним рамификацијама мисли, осећаја, воље и имагинације.

Разлика између материје и Духа је у стопи вибрације – разлика је у степену, не у врсти. Следећи пример то лепо илуструје. Иако су све вибрације квалитативно сличне, вибрације од 16 до 20 000 циклуса по секунди су довољно грубе да човеково чуло слуха може да их чује, али вибрације испод 16 или преко 20 000 циклуса су генерално нечујне. Не постоји битна разлика између чујних и нечујних вибрација, иако релативна разлика постоји.

Снагом *маје*, космичке илузије, Стваралац је узроковао да се манифестације материје очитују тако различито и специфично да се људском уму ни на који начин не чини да имају везе са Духом.

Мисао је Најсуптилнија Вибрација

У грубој вибрацији меса крије се финија вибрација космичке струје, животне енергије; а и месо и животну енергију прожима суптилнија вибрација, вибрација свести.

Вибрације свести су толико суптилне да не могу да се детектују ниједним материјалним инструментом. Само свест може да разуме свест. Људска бића су свесна мноштва вибрација свести која произлазе из других људских бића, а изражавају се кроз речи, дела, поглед, гестове, тишину, став итд.

Сваки човек обележен је печатом вибраторног потписа властитог стања свести и врши карактеристичан утицај на особе и ствари. На пример, соба у којој човек живи прожета је вибрацијама његових мисли. Други људи, ако поседују потребан степен сензитивности, могу јасно да их осете.

Човеков его (његов осећај јаства; изобличен смртни одраз бесмртне душе) спознаје свест директно, а материју (људско тело и све остале предмете у креацији) индиректно, путем менталних процеса и чулних перцепција. Значи, его је увек свестан тога да поседује свест, али его није свестан материје, чак ни тела које настањује, све док не почне да размишља о њему. Тако је човек у дубокој концентрацији на било шта свестан свог ума, али не свог тела.

Човекова Искуства у Стању Снова

Сва искуства човековог будног стања могу да се дуплирају у свести у стању снова. У стању снова човек може да види себе како радосно шета по љупкој башти, а затим да види леш пријатеља. Утучен од туге лије сузе, боли га глава и осећа болно куцање срца. Можда изненада почне олуја и постане му хладно и буде сав мокар. Тад се пробуди и почне да се смеје свом илузорном искуству сна.

Природа креације

Која је разлика између искустава човека који сања (искуства *материје* која се огледају у телима његовог пријатеља и њега самог, у башти итд., и искустава *свести* које се огледају у његовим осећајима радости и туге) и искуства истог човека у стању будности? Свесност о материји и свест присутне су у оба случаја.

Човек може да креира и материју и свест у илузорном свету снова; према томе, не би требало да му буде тешко да спозна да Дух, користећи моћ *маје*, је створио за човека свет снова од „живота" или свесног постојања које је у бити лажно (јер је пролазно, увек се мења), баш као и човекова искуства и стању снова.

Маја или Космичка Илузија

Свет појава делује под утицајем *маје*, закона дуалности или супротних стања; према томе, нестваран свет је тај који прекрива истину Божанског Јединства и Непромењивости. Човек у свом смртном аспекту сања дуалности и контрасте – живот и смрт, здравље и болест, срећу и тугу; али кад се пробуди у свести душе, све дуалности нестану и спозна да је вечан и блажени Дух.

Потребе Грешног Човечанства

За грешно човечанство битне су и здравствена и ментална помоћ. Супериорност ума над материјалном помоћи је неоспорна, али и исцељујућа моћ хране, лековитих биљака и лекова која је још више ограничена је такође неоспорна. Ако се примењују ментални методи, нема потребе да се презиру сви физички системи лечења, јер они су резултат истраживања Божјих материјалних закона.

Докле год постоји материјална свест о телу, лекови не би требало да се елиминишу у потпуности. Али чим човек прошири своје разумевање о нематеријалном пореклу тела, његово веровање у исцељујућу моћ лекова нестаје: увиђа да свака болест има свој корен у уму.

„Мудрост је Најбољи Чистач"

Мој учитељ, Свами Шри Јуктешварџи, није никад говорио о бескорисности лекова, али је подучавао и толико проширио свест многих његових ученика да су они користили искључиво менталну моћ да излече себе кад су били болесни. Често је говорио: „Мудрост је најбољи чистач".

Неке особе и на Истоку и на Западу фанатично поричу постојање материје иако су још увек толико увучени у свест о телу да умиру од глади ако пропусте један оброк.

Стање спознаје у којем тело и ум, смрт и живот, болест и здравље делују *једнако илузорни* је једино стање у којем можемо истински да кажемо да не верујемо у постојање материје.

Људска и Божанска Свест

Преко *маје* и човековог последичног незнања о властитој души, људска свест је изолована од Космичке Свести. Човеков ум је подложан промени и ограничењима, али Космичка Свест је ослобођена свих ограничења и никад није укључена у искуства дуалности (смрт и живот, болест и здравље, пролазна туга и пролазна радост, итд.). У Божанском Уму непромењива перцепција Блаженства је увек присутна.

Процес ослобађања људске свести састоји се од тренирања ума путем учења, практиковања афирмација, концентрације и медитације да се одврати пажња са вибрација материјалног тела са његовим бескрајним флуктуацијама мисли и емоција, и да се осете суптилније и стабилније вибрације животне енергије и виших менталних стања.

Уздајте се у Божанску Моћ Унутар Вас

Особе чија је материјална свест јака, тј. које су навикле на мисле на „себе" као на физичко тело, треба постепено да се усмере подаље од зависности од лекова и спољашњих облика помоћи, ка ослањању све више на Божански Моћ унутар њих самих.

II ДЕО

НАЧИН ПРАКТИКОВАЊА

5
Техника Афирмације

Прелиминарна Правила

1. Седните окренути према северу или истоку. Пожељна је равна столица без ослонца за руке преко које је постављено вунено ћебе. Тканина служи као изолација од земљаних магнетских струја које имају тенденцију да одвлаче ум ка материјалним перцепцијама. (Погледајте странице 40 и 41.)

2. Затворите очи и концентришите се на продужену мождину (на стражњем делу врата), осим ако није другачије наведено. Кичма треба да буде права, грудни кош испршен, а стомак увучен. Дубоко удахните и издахните три пута.

3. Опустите тело и држите га непомично. Испразните ум од свих немирних мисли,

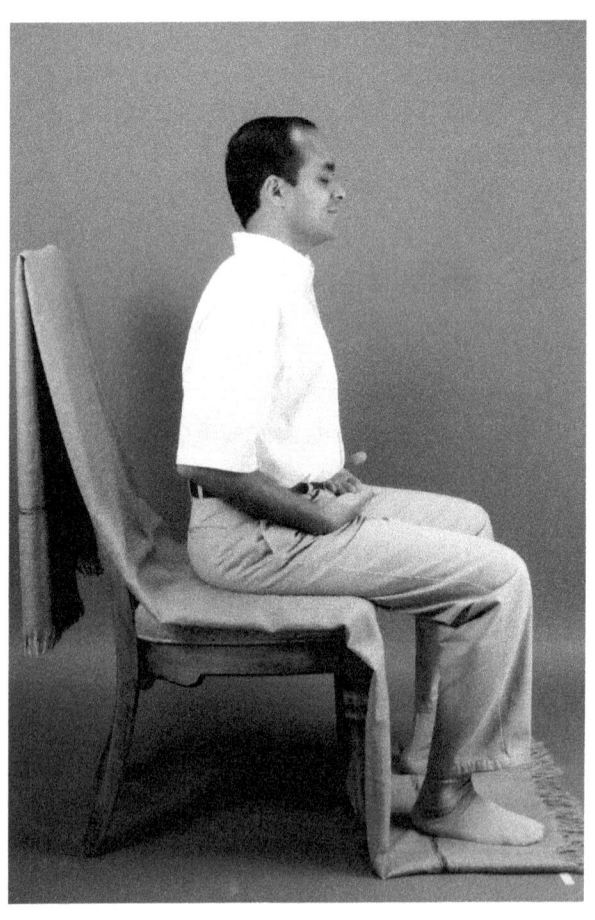

Положај за медитацију: седећи на столици

Положаји за медитацију: поза лотоса (лево) и једноставна поза прекрштених ногу (десно)

одвратите пажњу са телесних сензација, врућине и хладноће, звукова и тако даље.

4. Не размишљајте о одређеној врсти исцељења које вам треба.

5. Одбаците анксиозност, неповерење, и бригу. Смирено и са поверењем спознајте да Божански Закон делује и да је свемоћан. Немојте да допустите себи ни сумњу ни неверицу. Вера и концентрација омогућавају закону да несметано делује. Мислите на то како су сва телесна стања променљива и излечива и да је идеја о хроничној болести илузија.

Време: Афирмације треба да се користе чим се ујутро пробудите или током периода поспаности пре него што увече заспите. Групе могу да се састају у било које време.

Место: Мирно окружење колико је то могуће. Ако окупљање мора да се одржи у бучном окружењу, игноришите звукове и посветите се својој пракси.

Метод: Пре него што почнете да афирмишете, увек прво ослободите ум од брига и немира. Изаберите вашу афирмацију и понављајте је у

Техника афирмације

целости, најпре гласно, затим тише и спорије, све док ваш глас не постане шапутање. Затим постепено афирмишите само ментално, без да померате језик или усне, све док не осетите да сте постигли дубоку, неометану концентрацију – не несвесно, већ дубоки континуитет неиспрекиданих мисли.

Ако наставите са вашом менталном афирмацијом и идете још дубље, осетићете радост и мир који се шире. Током стања дубоке концентрације, ваша афирмација ће се стопити са подсвесним током и вратити се оснажена снагом да утиче на свестан ум преко закона навика.

Током времена када доживљавате све већи мир, ваша афирмација ће ићи све дубље и дубље у подсвесну реалност и вратити се обогаћена неограниченом моћи да утиче на свестан ум и да испуни ваше жеље. Не сумњајте и бићете сведок чуда ове научне вере.

Током групних афирмација за исцељивање физичке и менталне болести код себе или других, група треба да води рачуна да афирмише уједначеним тоном, равномерном менталном силом, равномерном концентрацијом и уједначеним осећајем вере и мира.

Слабији умови умањују уједињену силу потеклу од афирмација и могу чак да окрену овај ток моћи који иде према надсвесном одредишту. Према томе, не треба да померате тело или да постанете ментално узнемирени. За успех је неопходна концентрација свих чланова групе.

Приликом групних афирмација водитељ треба да чита афирмације ритмично. Затим публика треба да понавља те исте речи истим ритмом и интонацијом.

Душом Инспирисане Афирмације

Семе афирмација у овој књизи прожето је инспирацијом душе. Треба их посејати у тло надсвесног мира и заливати их вашом вером и концентрацијом да би сте створили унутрашње покретне вибрације које ће помоћи семену да проклија.

Многи процеси су укључени између сејања семена афирмација и њиховог плода. Сви услови њиховог раста морају да се испуне да би се изродио жељени резултат. Семе афирмација мора да буде живо, слободно од дефекта сумње, узнемирености или непажње; треба да буде посејано у уму и срцу са концентрацијом, преданошћу и миром, а да се залива дубоким, свежим понављањем и бескрајном вером.

Увек избегавајте механичко понављање. Значење тога лежи у библијској заповести: „Не узимај узалуд име Господа Бога свог."[4] Понављајте афирмације одлучно, интензивно и искрено док не постигнете толику моћ да једна наредба, један снажан подстицај изнутра буде довољан да промени ћелије у телу и покрене вашу душу да изведе чуда.

Прогресивни Стадијуми Певања

Запамтите да афирмације треба да се изговарају интонацијом одређене гласноће која постепено прелази у шапат, а изнад свега – са пажњом и преданошћу. Тако се мисли воде путем ваших уверења о ефикасности и истини афирмација од аудиторног осећаја до разумевања свесног ума, затим до подсвести а потом до надсвесног ума. Особе које верују су оне које ће бити излечене овим афирмацијама.

Пет стадијума певања су: гласно свесно певање,

---

4 Мојсијева 20:7

певање шапатом, ментално певање, подсвесно певање и надсвесно певање.

Аум (Ом) или Амин, Космички звук

Подсвесно певање постане непрекидно и аутоматско. Надсвесно певање наступа када се дубоке унутрашње вибрације певања претворе у реализацију и формирају се у свесном, подсвесном и надсвесном уму. Кад се пажња непрекидно одржава на истинској Космичкој Вибрацији (Ом или Амин), а не на неком имагинарном звуку, то је надсвесно певање.

Кад прелазите са једног стадијума певања на други, став ума такође треба да се промени и да постане дубљи и фокусиранији. Циљ је да се уједине онај који пева, песма и процес певања у једно. Ум треба да уђе у најдубље свесно стање – не несвесно стање или стање одсутности ума или спавање, већ стање такве фокусиране концентрације да су све мисли уроњене и стопљене са једном централном мишљу, попут честица привучених на неодвојив магнет.

Техника афирмације

Три Физиолошка Центра

Током афирмација воље, ваша пажња треба да буде центрирана у тачки између обрва; током афирмација мисли у продуженој мождини[5], а током духовних преданих афирмација у срцу. У одговарајућим тренуцима човек аутоматски фиксира ум на једну од ових физиолошких подручја, на пример током емоционалног стања осећа срчани центар до мере која искључује све остале делове тела. Вежбањем афирмација стиче се моћ свесног усмеравања пажње на виталне изворе воље, мисли и осећања.

Апсолутна, неупитна вера у Бога је најбољи метод тренутног исцељивања. Непрекидни напор да се побуди та вера је човекова највиша и највреднија дужност.

---

5 Продужена мождина и тачка између обрва су у ствари позитивни и негативни пол једног центра интелигентне животне силе. Парамахансаџи је некад подучавао поклонике да се концентришу на тачку између обрва, а некад на продужену мождину, али то двоје су једно по поларитету. Кад се поглед очију централизује смиреном концентрацијом у тачки између обрва, струја из два ока иде прво у ту тачку на челу, а затим у продужену мождину. Астрално око светлости се затим појави на челу, где се рефлектује са продужене мождине.

6
Научне Исцељујуће Афирмације

∽

Приликом практиковања афирмација из ове књиге поклоник или водитељ групе може без заустављања да прочита целу афирмацију или може да стане и понови који год ред пожели.

Афирмације за Генерално Исцељивање

На сваком олтару осећаја,
мисли и воље,
Ти седиш,
Ти седиш.
Ти си сваки осећај, воља и мисао.
Ти их водиш;
Нека следе, нека следе,
Нека буду попут Тебе.

У храму свести

Беше светло – Твоје светло.
Не видех га, ал' сад га видим.
Храм је светлост, храм је цео.
Спавах и сањах да се храм срушио
Од страха, бриге, незнања.
Спавах и сањах да се храм срушио
Од страха, бриге, незнања.
Ти си ме пробудио,
Ти си ме пробудио.
Твој храм је цео,
Твој храм је цео.
Желим да Те обожавам,
Желим да Те обожавам.
У срцу, у звезди,
У ћелији тела обожавам Те,
У електрону се играм с Тобом.
Желим да те обожавам
У телу, звезди, звезданој прашини, небули.
Ти си свуда; свуда
Те обожавам

Небеска воља Твоја
Као људска воља моја
Сија ли сија

Научне исцељујуће афирмације

У мени, у мени, у мени, у мени.
Ја ћу желети, ја ћу хтети,
Ја ћу радити, ја ћу се трудити,
Не вођен егом, већ Тобом,
вођен Тобом, вођен Тобом.
Ја ћу радити, употребити своју вољу,
Али испуни моју вољу
Твојом вољом, Твојом вољом.

Учини нас малом децом, о Оче,
Баш као што их Твоје краљевство има.
Твоја љубав у нама је савршенство.
Баш као што си Ти потпун, тако смо и ми.
У телу и уму смо здрави,
Баш као што си Ти, баш као што си Ти.
Ти си савршен.
Ми смо Твоја деца.

Ти си свуда;
Где год си савршенство је тамо.
Ти седиш у свакој ћелији олтара,
Ти си у свим ћелијама мога тела.
Оне су целе; оне су савршене.
Оне су целе; оне су савршене.
Учини да осетим да си ту

У свима њима, у свима њима;
Учини да осетим да си ту
У свакоме и свима, у свакоме и свима.

Животе мог живота, Ти си цео.
Ти су свуда;
У мом срцу, у мом мозгу,
У мојим очима, на мом лицу,
У мојим удовима и свему.

Ти покрећеш моје ноге,
Оне су целе, оне су целе.
Моји листови и бутине
Су цели, цели јер си Ти у њима.
Моја бедра држиш Ти
Да не паднем, да не паднем.
Они су цели, јер Ти си у њима.
Они су цели, јер Ти си у њима.

Ти си у мом грлу;
Слузокожа и абдомен
Зраче Твојим сјајем.
Они су цели, јер си Ти у њима.
У кичми мојој Ти блисташ;
Она је цела, она је цела.

Живцима мојим течеш Ти;
Они су цели, они су цели.
Венама и артеријама мојим
Плуташ Ти, плуташ Ти.
Оне су целе, оне су целе.
Ти си ватра у мом стомаку,
Ти си ватра у мојим цревима,
Они су цели, они су цели.
Баш као што си Ти мој
Тако сам и ја Твој.
Ти си савршен,
Ти си ја, ти си ја.
Ти си мој мозак,
Он сија, он је цео,
Он је цео, он је цео, он је цео.

Нека моја машта слободно тече,
Нека моја машта слободно тече.
Болестан сам кад мислим да сам болестан,
Здрав сам кад мислим да сам здрав;
Сваког сата, о, сваког дана
У телу и уму, у сваком погледу
Ја сам цео, ја сам здрав.
Ја сам цео, ја сам здрав.

Сањао сам да сам био болестан;
Пробудио сам се и смејао се
Кад сам схватио да сам лио сузе,
Не од туге, већ сузе радоснице,
Кад сам схватио да сам сањао о болести,
Јер ја сам цео, ја сам цео.

Пусти ме да осетим
Занос Твоје љубави, занос Твоје љубави.
Ти си мој Отац,
Ја сам твоје дете.
Добар или неваљао,
Ја сам Твоје дете.
Допусти да осетим Твој здрави занос,
Допусти да осетим вољу Твоје мудрости,
Допусти да осетим вољу Твоје мудрости.

Кратке Афирмације

Савршени Оче, Твоје светло тече кроз Христа, кроз свеце свих религија, кроз индијске учитеље и кроз мене. Ово божанско светло је присутно у свим деловима мога тела. Ја сам здрав.

Научне исцељујуће афирмације

Свесна космичка енергијо, Твој живот је мој. Чврста, течна и гасовита храна се претвара и одуховљује Тобом у енергију да би одржавала моје тело.

Обновљен сам и оснажен Твојом енергијом која даје живот.

Исцељујућа моћ Духа тече кроз све ћелије мога тела. Направљен сам од једне универзалне Божје супстанце.

Оче, Ти си у мени, ја сам здрав.

Твоја моћ се креће кроз мене. Мој стомак је здрав, јер је Твоја исцељујућа светлост у њему.

Схватам да је моја болест резултат мог кршења закона о здрављу. Исправићу зло правилном исхраном, вежбањем и исправним размишљањем.

Небески Оче, Ти си присутан у сваком атому, свакој ћелији, сваком крвном зрнцу, сваком делићу живаца, мозга и ткива. Ја сам здрав јер си Ти у свим деловима мога тела.

Божје савршено здравље прожима мрачне кутке моје телесне болести. У свим мојим ћелијама Његова исцељујућа светлост сија. Оне су у потпуности здраве јер је Његово савршенство у њима.

Афирмације Снагом Мисли

Концентришите своју мисао на чело и понављајте следеће:

Мислим да мој живот тече,
Знам да мој живот тече,
Од мозга до целог мог тела да тече.
Зраци светлости се пробијају
Кроз корење мог ткива.
Талас живота у пршљеновима
Јури кроз кичму као пена и млаз;
Мале ћелије све испијају
Њихова сићушна уста сва се сијају.
Мале ћелије све испијају
Њихова сићушна уста сва се сијају.

Кратке Афирмације

Небески Оче, Ти си мој заувек. У свему што је добро клањам се Твојој присутности. Кроз прозоре свих чистих мисли видим Твоју доброту.

Оче, Твоја неограничена и свеисцељујућа моћ

је у мени. Манифестуј Твоје светло у тами мога незнања. Где год је ово исцељујуће светло присутно, ту је савршенство. Према томе, савршенство је у мени.

Небески Оче, Ти си сваки осећај, воља и мисао. Води моје осећаје, вољу и мисли; пусти их да Те следе, да буду попут Тебе.

Моји снови о савршенству су мостови који ме воде у царство чистих идеја.

Свакодневно ћу све више и више тражити срећу у свом уму, а све мање и мање кроз материјална задовољства.

Бог је пастир мојих немирних мисли. Он ће их одвести у Његову оазу мира.

Прочистићу свој ум мишљу да Бог води сваку моју активност.

Исправно Усмеравање Разума

Следите предлоге наведене у наставку да бисте подстакнули исправно размишљање и менталну активност.

1. Читајте добре књиге и пажљиво сварите њихову поенту.

2. Ако читате један сат, онда пишите два сата, а размишљајте три сата. То је сразмера коју треба поштовати да би се неговала моћ разума.

3. Заокупирајте свој ум инспиративним идејама. Не губите време на негативна размишљања.

4. Усвојите најбољи план за ваш живот који можете разумно да формулишете.

5. Ојачајте ваше моћи резоновања проучавањем закона ума наведених у учењима друштва Self-Realization Fellowship.

6. Примењујте афирмације из ове књиге изговарајући их снагом душе да бисте развили моћ ума. И древни и модерни психолози су наглашавали да је урођена интелигенција човека способна за бесконачно ширење.

7. Поштујте физичке, друштвене и моралне законе. Верујући да њима управља виши духовни закон, на послетку ћете се уздићи изнад свих нижих закона и бити у потпуности вођени духовним законом.

Афирмације Снагом Воље

Концентришите своју вољу истовремено и на продужену мождину и на тачку између обрва, те понављајте следеће – најпре гласно па постепено све тише, а потом шапатом:

Захтевам животној сили да напуни –
Божанском вољом захтевам јој да се напуни –
Преко свих мојих живаца и мишића,
Моја ткива, удове и све,
Вибрантном титравом ватром,
Радосном горућом моћи.
У крви и жлездама
По врховној заповести
Налажем ти да течеш.
По мојој заповести
Налажем ти да течеш.
По мојој заповести
Налажем ти да течеш.

Афирмације за мудрост

Концентришите се на регију испод врха лобање и осећајте тамо присутност мозга.

По одајама мудрости
Ти се шеташ.
Ти си разум у мени.
О, Ти шеташ и будиш
Сваку малу лењу ћелију мозга
Да прими, да прими
Оно добро што ум и чула дају,
Знање које Ти дајеш.

Ја ћу мислити, ја ћу користити разум;
Нећу Те узнемиравати ради размишљања,
Али ме води кад ми разум погреши;
Његовом циљу исправно га води.

О Небески Оче, о Космичка Мајко,
о Учитељу Мој, о Пријатељу Божански,
Дошао сам сам, идем сам;
С Тобом сам, с Тобом сам.

О, Ти направи дом за мене
Од живих ћелија, дом за мене.
Овај мој дом је Твој дом;
Твој живот направи овај дом;
Твоја снага направи овај дом.
Твој дом је савршен, Твој дом је савршен.

Ја сам Твоје дете, Ти си мој Отац;
Обоје станујемо, обоје станујемо
У истом храму,
У овом храму ћелија,
О, у овом храму ћелија.
Увек си ту,
О, на мом пулсирајућем олтару близу.

Одлазио сам, одлазио сам,
Са тамом да се играм, са грехом да се играм;
Као бунтовно дете сам одлазио.
Кући дођох у сенке мрачне,
Кући дођох са блатњавим трагом материје.
Ти си близу, ал' да видим не могу.
Твој дом је савршен, ал' да видим не могу.
Слеп сам, ал' је Твоје светло ту.
Моја је кривица да не могу да видим.
Испод линије таме

Твоје светло сија;
Твоје светло сија.

Заједно, светло и тама
Не могу да остану, не могу да остану.
Заједно, мудрост, незнање,
Не могу да остану, не могу да остану.
Отерај и одмами
Таму даље од мене,
Моју таму што даље.

Ћелије мога тела су направљене од светла,
Ћелије мога меса су направљене од Тебе.
Оне су савршене, јер си Ти савршен;
Оне су здраве, јер си Ти Здравље;
Оне су Дух, јер си Ти Дух;
Оне су бесмртне, јер си Ти Живот.

Кратке афирмације

Небески Оче, Твој космички живот и ја смо једно. Ти си океан, ја сам талас, ми смо једно. Захтевам моје божанско право по рођењу, интуитивно схватајући да сва мудрост и моћ већ постоје у мојој души.

Бог је тик иза мог разума, данас и сваки дан, и води ме да увек радим праву ствар.

Бог је унутрашње Јаство човека и једини Живот читавог универзума.

Уроњен сам у вечно светло. Оно прожима сваки делић мога бића. Живим у том светлу. Божански Дух ме испуњава изнутра и споља.

Бог је у мени, око мене и штити ме. Отераћу страх који заклања Његово светло које ме води.

Савршен мир и равнотежа су моји данас, док усмеравам сву своју моћ и способност на изражавање божанске воље.

Подсвесни, Свесни и Надсвесни Закони за Материјални Успех

Успех долази поштовањем божанских и материјалних закона. Треба постићи и материјални и духовни успех. Материјални успех се састоји у поседовању животних неопходности.

Амбиција за зарађивање новца треба да укључује

и жељу да се помогне другима. Стекните колико год новца желите тако да на неки начин побољшате вашу заједницу, државу или свет, али никада немојте да тражите финансијску добит на начин да радите против њихових интереса.

Постоје подсвесни, свесни и надсвесни закони за материјални успех и за превазилажење става ума о неуспеху.

Подсвесни закон успеха је да се афирмације понављају интензивно и са пажњом непосредно пред спавање и после спавања. Не сумњајте; кад желите да постигнете било који исправан циљ, одбаците сваку мисао о неуспеху. Будући да сте дете Бога, верујте да имате приступ свему што припада Њему.

Непознавање овог закона и неверовање у њега лишили су човека његовог бесмртног наслеђа. Да бисте искористили ресурсе божанских залиха, треба да уништите подсвесно семе погрешних мисли упорним понављањем афирмација прожетим бесконачним самопоуздањем.

Свесни закон успеха је да планирате и делујете интелигентно, осећајући у сваком тренутку да вам Бог помаже у вашем планирању и вашем непрестаном неуморном раду.

Надсвесни закон успеха се покреће кроз човекове молитве и његовим разумевањем Господове свеприсутности. Немојте да прекидајте своје свесне напоре или се не ослањајте ни у потпуности само на своје природне способности, већ затражите божанску помоћ у свему што радите.

Када се ове подсвесне, свесне и надсвесне методе комбинују, успех је сигуран. Покушавајте поново, без обзира колико пута нисте успели.

Афирмација за Материјални Успех

Ти си мој Отац:
Успех и радост.
Ја сам Твоје дете:
Успех и радост.

Сво богатство овог света,
Сво благо универзума,
Припада Теби, припада Теби.
Ја сам Твоје дете;

Богатство света и универзума
Припада мени, припада мени,
О, припада мени, припада мени.

Живех у мислима о сиромаштву
И погрешно мислих да сам сиромашан,
Па сам и био сиромашан.
Сад сам кући. Твоја свест
Обогатила ме је, обогатила ме је.
Ја сам успешан, ја сам богат;
Ти си моје Благо,
Ја сам богат, ја сам богат.

Ти си све, Ти си све.
Ти си мој.
Ја имам све, ја имам све;
Ја сам богат, ја сам имућан,
Ја имам све, ја имам све;
Поседујем све и свашта,
Баш као и Ти, баш као и Ти.
Поседујем све, поседујем све.
Ти си моје Богатство,
Ја имам све.

Кратке Афирмације

Знам да је Божја моћ безгранична, а будући да сам створен по слици Његовој, и ја имам снагу да превазиђем све препреке.

Поседујем креативну моћ Духа. Бесконачна Интелигенција ће ме водити и решити сваки проблем.

Бог је моја неисцрпна Божанска Банка. Увек сам богат јер имам приступ Космичком Складишту.

Ићи ћу напред са савршеном вером у моћ Свеприсутног Добра да ми донесе оно што ми је потребно у тренутку кад ми је потребно.

Сунчева светлост божанског просперитета се управо пробила кроз тамно небо мојих ограничења. Ја сам Божје дете. Оно што Он има, имам и ја.

Искорењивање Незнања Душе

Духовни успех лежи у свесном усклађивању себе са Космичким Умом и одржавању мира и смирености без обзира који непоправљив догађај да се деси у вашем животу, као што је смрт рођака или други губици. Кад вас закон Природе одвоји од вољене особе, не треба да тугујете. Уместо тога, понизно захвалите Богу што вам је дао привилегију да се неко време бринете о једном Његовом детету, будете му пријатељ или будете одговорни за њега.

Духовни успех долази разумевањем мистерије живота, и гледањем на све ствари храбро и весело, схватајући да се догађаји одвијају према предивном божанском плану.

За болест незнања једини је лек знање.

Афирмације за Духовни Успех

Ти си Мудрост,
И Ти знаш
Узрок и крај свега.
Ја сам Твоје дете,
Желим да знам
Истинску мистерију живота,
Истинску радосну дужност живота.

Твоја мудрост у мени показаће
Све што Ти знаш.
Све што Ти знаш.

Кратке Афирмације

Небески Оче, мој глас је створен да би певао Твоју славу. Мој срце је створено да би одговорило само на Твој позив. Моја душа је створена да буде канал кроз који ће Твоја љубав беспрекидно тећи у све жедне душе.

Моћ Твоје љубави распиње све моје мисли о сумњи и страху, тако да могу тријумфално да се уздигнем над смрћу и винем се на крилима светлости ка Теби.

Опуштам се и одбацујем сва ментална оптерећења, допуштајући Богу да изрази кроз мене Његову савршену љубав, мир и мудрост.

Мој Небески Отац је љубав, а ја сам створен по слици Његовој. Ја сам сфера љубави у којој светлуцају све планете, све звезде, сва бића, сва креација. Ја сам љубав која прожима читав универзум.

Док зрачим љубављу и добром вољом према другима, отварам канал за Божју љубав да дође до мене. Божанска љубав је магнет који привлачи све добро ка мени.

Могу да обавим све обавезе само након што позајмим моћ деловања од Бога, тако да је моја прва жеља да удовољим Њему. Прва љубав мога срца, прва амбиција моје душе, први циљ моје воље и разума је само Бог.

Афирмација за Психолошки Успех

Ја сам храбар, ја сам снажан.
Парфем успешних мисли
Запахњује ме, запахњује ме.
Ја сам опуштен, ја сам смирен,
Ја сам сладак, ја сам љубазан,
Ја сам љубав и саосећање,
Ја сам шармантан и магнетичан,
Задовољан сам свиме,
Бришем све сузе и страхове.
Немам непријатеље.
Ја сам пријатељ свима.

Немам навика
У јелу, размишљању, понашању,
Слободан сам, слободан сам.

Наређујем Ти, о Пажњо,
Да дођеш и вежбаш концентрацију
На стварима које радим, на делима која чиним.
Могу све да урадим
Кад тако мислим, кад тако мислим.

У цркви или храму, у молитвеном расположењу,
Моје лутајуће мисли стајаху против мене,
И спречавале су мој ум да допре до Тебе,
И спречавале су мој ум да допре до Тебе.
Научи ме да поново поседујем, ах, да поново
    поседујем,
Мој материјално продати ум и мозак,
Да бих могао дати их Теби
У молитви и екстази,
У медитацији и сањарењу.

Клањаћу Ти се
У медитацији и самоћи.
Осетићу Твоју енергију
како тече кроз моје руке у активности.
Да Те у лењости не изгубим,

Пронаћи ћу Те у активности.

Комбиноване Методе

Иако се не може порећи супериорност менталних метода над материјалним, неколико физичких вежби је увршетно у ову књигу за оне који желе да комбинују обе методе.

Побољшавање Вида

Затворите очи и концентришите се на продужену мождину, а затим осетите моћ вида у очима како тече кроз оптички нерв у мрежњачу. Након што проведете око један минут концентришући се на мрежњачу, отворите и затворите очи неколико пута. Окрените очне јабучице нагоре, затим надоле, затим лево, па десно. Затим их померајте с'лева на десно, и з'десна на лево. Фиксирајте поглед на тачку између обрва и визуализујте ток животне енергије како иде из продужене мождине до очију трансформишући их у два светлосна рефлектора. Ова вежба је корисна и на физичком и на менталном нивоу.

Научне исцељујуће афирмације

Афирмација за Очи

Наређујем вам,
Зраци плави,
Да клизите кроз моје оптичке живце
И покажете ми истину, покажете ми истину
Да је Његова светлост ту,
Да је Његова светлост ту.
Кроз моје очи
Он вири,
Он вири;
Оне су целе, оне су савршене.
Једно[6] изнад и два испод;
Ока три, ока три.
Кроз вас невиђено светло тече,
Кроз вас невиђено светло тече!

Лотосове очи, не лијте сузе више,
Не лијте сузе више.
Олује вашим латицама бол не наносе више.
Дођите брзо и клизите попут лабудова,

---

6 „Једно" или духовно око на челу између обрва. Погледајте фусноту на страници 47.

По веселим водама блаженства,
У нежном језеру мира,
У свитању мудрости.
Ова светлост Твоја,
Сија кроз мене,
Кроз прошлост, садашњост и будућност.

Наређујем вам,
Моја ока два,
Да будете једно једино,
Да будете једно једино.
Да видите све и знате све;
Да учините да моје тело блиста,
Да учините да мој ум блиста,
Да учините да моја душа блиста.

Вежба за Стомак

Станите испред столице, нагните се према напред и ухватите се за седиште столице за потпору. У потпуности издахните. Док је дах издахнут, увуците стомак што је могуће ближе кичми. Затим удахните док одгурујете стомак што даље од кичме можете. Поновите дванаест пута. Јогији тврде да ова вежба побољшава функционисање пробавног тракта (перисталтику црева и излучивање пробавних жлезда), и тиме помаже у отклањању стомачних тегоба.

Вежба за Зубе

Затворених очију стисните горње и доње зубе на левој страни вилице. Опустите их, а затим стисните зубе на десној страни. Опустите их па стисните предње зубе. На крају стисните све горње и доње зубе истовремено.

Држите сваки положај један до два минута, концентришући се на осећај „стиснутих зуба" и визуализујте како животна енергија витализује корене зуба и уклања сва нехармонична стања.

Унутрашњи Рај

Тело је башта која садржи шармантно дрвеће чула – вида, слуха, укуса, мириса и додира. Бог или Божанско у човеку упозорава га на неумереност при коришћењу било ког од плодова чула, а посебно на погрешну употребу јабуке сексуалне силе, која се налази усред телесне баште.

Змија зле радозналости или Ева, илити женска емоционална природа присутна у свим људским бићима, доводе их у искушење да не послушају Божју наредбу. Тако губе радост самоконтроле и приморани су да напусте Рај чистоте и божанског блаженства. Сексуално искуство доноси грех или свест „смоквиног листа" срама.

Брачни парови које желе децу би требало да усмере њихову пажњу током чина интимности на његову креативну сврху. Да би избегли многе патње, човечанство не би требало да тражи сексуално заједништво ради самог себе.

Методи за Контролу Сексуалног Нагона

Пре него што увече легнете да спавате, обришите хладним, влажним пешкиром све отворе на телу, као и руке, стопала, пазухе, пупак и задњи део врата преко продужене мождине. Радите то редовно.

У тренутцима телесног узбуђења дубоко удахните и издахните шест до петнаест пута. А одмах затим потражите друштво оних које поштујете, особе од самоконтроле.

Афирмације за Чистоћу

Кроз прашник и тучак
Ти стварашчисто цвеће.
Кроз моје родитеље
Донео си чисто тело моје.
Као што си Ти творац свих
Добрих ствари,
Тако смо и ми.
Научи нас да стварамо,
У светости, у светости
Племените идеје или племениту децу.
Ти немаш пол.
Ми немамо пол, немамо пол.
Ти си нас створио у чистоти.

Научи нас да стварамо у светости
Племените мисли или децу
Направљене по слици Твојој.

Да бих победио искушења одагнаћу зло из својих мисли. Повући ћу ум из чулних органа на површину тела, који изазивају менталне чежње, и тражићу унутрашње блаженство Божје присутности.

Лечење Лоших Навика

Добре навике су ваши најбољи помагачи; сачувајте њихову моћ сталним добрим делима.

Лоше навике су ваши најгори непријатељи; оне вас против ваше воље присиљавају на штетан начин понашања. Оне угрожавају ваш физички, друштвени, морални, ментални и духовни живот. Изгладните лоше навике тако што ћете им ускратити храну даљих лоших дела.

Истинска слобода лежи у извршавању свих радњи у складу са исправним расуђивањем и слободним избором. На пример, једите оно што знате да треба да једете, а не нужно оно што сте навикли да једете.

И за добре и за лоше навике потребно је време да стварно ојачају. Дуготрајне лоше навике могу да се замене добрим навикама ако сте добре навике стрпљиво гајили.

Искорените лоше навике и замените их добрим навикама у свим сферама вашег живота. Ојачајте свесност да сте, као дете Бога, слободни од свих унутрашњих присила.

Афирмација за Слободу

Ти си у закону,
Ти си изнад свих закона,
Ти си изнад свих закона.
Баш као што си Ти,
Изнад свих закона сам и ја.

О храбри, добри војници-навике,
Одагнајте мрачне, мрачне навике,
Одагнајте мрачне, мрачне навике.
Ја сам слободан, ја сам слободан.
Немам навика, немам навика.
Урадићу оно што је исправно, урадићу оно што
    је исправно,
Неконтролисан моћима навике.
Ја сам слободан, ја сам слободан,
Немам навика, немам навика.

Кратке Афирмације

Небески Оче, ојачај моју одлучност да одбацим лоше навике, које привлаче зле вибрације, и да створим исправне навике, које привлаче добре вибрације.

Вечни живот Бога тече кроз мене. Ја сам бесмртан. Иза таласа мога ума је океан Космичке Свести.

Божански Оче, где си ме ставио, тамо мораш и доћи.

Ниједан филм живота није направљен само од једног глумца или једног догађаја. Моја улога на позорници је важна, јер би без мене космичка драма била непотпуна.

Молитве Божанском Оцу

Молитве треба користити, не да би се молило за пролазне услуге, већ како би се човек оспособио да поново стекне божанско благо за које је, у свом незнању, мислио да га је изгубио. Следеће молитве ће окренути ваше мисли ка Богу – извору свег добра и моћи у свим афирмацијама.

Будући да је Твоја неизбрисива слика савршенства у мени, научи ме да обришем површне мрље незнања и видим да смо Ти и ја једно.

О Свети Душе, научи ме да излечим тело пунећи га Твојом космичком енергијом, да излечим ум концентрацијом и ведрином, а душу интуицијом рођеном из медитације. Нека се Твоје краљевство које је унутра, манифестује споља.

Небески Оче, научи ме да Те се сетим у сиромаштву или благостању, у болести или здрављу, у незнању или мудрости. Допусти да отворим своје затворене очи невернице и видим Твоју светлост која моментално исцељује.

Божански Пастиру, спаси јагањце мојих мисли, изгубљене у дивљини немира, и уведи их у Твоје свето стадо мира.

Вољени Боже, нека знам да је Твој невидљиви свезаштитнички плашт увек око мене, у радости и у тузи, у животу и у смрти.

О аутору

Парамаханса Јогананда (1893–1952) је нашироко уважен као један од истакнутих духовних личности нашег времена. Родио се у северној Индији, а у Сједињене Државе је дошао 1920. године где је током више од тридесет година подучавао индијску древну науку медитације и умећа уравнотеженог духовног живљења. Његова хвале вредна животна прича, *Аутобиографија једног јогија*, као и бројне друге књиге, милионима читалаца су представиле вечне истине које су у основи религијских традиција Истока и Запада.

Године 1920. Парамаханса Јогананда је основао друштво Self-Realization Fellowship (у Индији познато под називом Yogoda Satsanga Society of India) како би учинио доступна учења која је донео на Запад. Међу циљевима и идеалима које је замислио за своје удружење су: ширење научних техника за постизање директног личног искуства Бога, показивање основних принципа истине који су заједнички темељ свих истинских религија и према томе подстичу дух веће хармоније међу различитим људима

Научне Исцељујуће Афирмације

и нацијама у свету.

Својим практичним учењем Парамаханса Јогананда је настојао да људима свих раса и уверења пружи начин да се ослободе од физичких, менталних и духовних неуравнотежености, као и да спознају и потпуније изразе у својим животима лепоту, племенитост и истинску божанскост људског духа. Данас се његов духовни и хуманитарни рад наставља под вођством Брата Ћидананде, председника друштва Self-Realization Fellowship/Yogoda Satsanga Society of India.

Парамаханса Јогананда: Јоги У Животу И Смрти

Парамаханса Јогананда је ушао у *махасамади* (јогијев коначни свесни излазак из тела) у Лос Анђелесу 7. марта 1952. године, након што је завршио свој говор на банкету који је одржан у част Његове екселенције Биная Р. Сена, амбасадора Индије.

Велики светски учитељ је показао вредност јоге (научне технике за богоспознају), не само у животу, него и у смрти. Недељама након његовог одласка, његово непромењено лице је сијало божанским сјајем нераспадљивости.

Господин Хари Т. Ров, директор мртвачнице Форест Лон Меморијал парк у Лос Анђелесу (у којој је тело великог учитеља привремено смештено), послао је друштву Self-Realization Fellowship оверено писмо из којег су преузети следећи исечци:

„Одсуство било каквих видљивих знакова распадања на телу Парамахансе Јогананде представља најизузетнији пример у нашем искуству... Никакво физичко распадање није било видљиво на његовом телу чак ни након двадесет дана после његове смрти... Никакав траг трулежи није био видљив на његовој кожи, и никаква видљива десикација (сушење) није постојала на његовим телесним ткивима. Овакво стање савршене очуваности тела је, колико знамо из наших записа у мртвачници, неупоредиво...У време када је особље мртвачнице примило тело Јогананде, они су очекивали да ће кроз стаклени поклопац ковчега видети уобичајене прогресивне знакове распадања тела. Будући да се под опсервацијом нису очитовале видљиве промене, наше чуђење се повећавало како су дани пролазили. Јоганандино тело је очигледно било у феноменалном стању непромењивости...

Уопште се никакав мирис није ширио из тела... Физички изглед Јогананде 27. марта, управо пре него што је бронза прекрила ковчег, је био исти као и 7. марта. Дана 27. марта је изгледао свеже и нетакнуто као што је изгледао у ноћи његове смрти. Дана 27. марта није било разлога да се каже да је његово тело прошло кроз било какав видљив распад уопште. Управо из ових разлога кажемо да је случај Парамахансе Јогананде јединствен у нашем искуству."

Молитве за Божанско Исцелење

„Небески Оче, желим просперитет, здравље и мудрост без ограничења, не из земаљских извора, већ из Твојих свепоседујућих, свемоћних и сведарежљивих руку."

—*Парамаханса Јогананда*

Бог живи у сваком атому креације. Да повуче своју присутност која пружа живот, светови би без трага нестали у етар.

Човек у потпуности зависи од свог Ствараоца. Баш као што су здравље, срећа и успех које привлачи резултат његовог придржавања Богом даних закона, тако се и помоћ и оздрављење које су му потребни могу постићи директно од Бога путем молитве.

Припадници монашког реда друштва Self-Realization Fellowship свакодневно се моле за исцељивање физичке болести, менталне неуравнотежености и духовног незнања. Уз Божје благослове, хиљаде су примили духовну помоћ.

Научне Исцељујуће Афирмације

Можете да затражите молитве било за себе или вама драге особе на нашој интернет страници, а можете и писмено или телефонски да се обратите нашем међународном седишту (погледајте следећу страницу).

Додатни Ресурси О Учењима
Крија Јоге
Парамахансе Јогананде

Self-Realization Fellowship је посвећен бесплатном помагању трагаоцима широм света. За информације које се тичу наших годишњих серија јавних предавања и часова, медитација и инспиративних служби у нашим храмовима и центрима широм света, распореда програма духовне обнове и других активности, позивамо вас да посетите наш вебсајт или наше међународно седиште:

www.yogananda.org

Self-Realization Fellowship
3880 San Rafael Avenue
Los Angeles, CA 90065-3219 – USA
+1 (323) 225-2471

Лекције Друштва
Self-Realization Fellowship

*Лично вођство и упутства
Парамахансе Јогананде о учењима јоге,
медитације и начелима духовног живљења*

Ако су вас заинтригирала духовна учења Парамахансе Јогананде, позивамо вас да се претплатите на лекције *Self-Realization Fellowship Lessons*.

Парамаханса Јогананда је осмислио овај комплет лекција за учење код куће како би искреним трагаоцима пружио прилику да науче и практикују древне технике јоге и медитације које је донео на Запад – укључујући науку *Крија јоге*. Те лекције (*Lessons*) такође представљају његово практично вођство за постизање уравнотеженог физичког, менталног и духовног благостања.

Лекције *Self-Realization Fellowship Lessons* су доступне по цени која покрива трошкове штампања и слања поштом. Монаси и монахиње друштва Self-Realization Fellowship пружају свим ученицима бесплатне услуге саветовања о њиховој личној пракси.

За додатне информације...

Посетите страницу www.srflessons.org и затражите свеобухватни бесплатни информациони пакет о *Лекцијама*.

Књиге на Српском језику које је написао Парамаханса Јогананда

Доступне у књижарама или директно од издавача:
Self-Realization Fellowship

3880 San Rafael Avenue • Los Angeles, California
90065-3219
тел. +1 (323) 225-2471 • факс: +1 (323) 225-5088
www.srfbooks.org

Аутобиографија Једног Јогија

Како да разговарате с Богом

Закон Успеха

Научне Исцељујуће Афирмације

Књиге на Српском језику осталих аутора

Уђите У Тихо Срце
Шри Даја Мата

Однос Гуру-Ученик
Шри Мриналини Мата

Књиге на Енглеском које је написао Парамаханса Јогананда

Autobiography of a Yogi

God Talks With Arjuna: The Bhagavad Gita
—A New Translation and Commentary

The Second Coming of Christ
The Resurrection of the Christ Within You
—A Revelatory Commentary on the Original Teachings of Jesus

The Yoga of the Bhagavad Gita

The Yoga of Jesus

The Collected Talks and Essays

Част I: **Man's Eternal Quest**

Част II: **The Divine Romance**

Част III: **Journey to Self-realization**

Wine of the Mystic
The Rubaiyat of Omar Khayyam
—A Spiritual Interpretation

Songs of the Soul

Whispers from Eternity

Scientific Healing Affirmations

In the Sanctuary of the Soul
A Guide to Effective Prayer

The Science of Religion

Metaphysical Meditations

Where There Is Light
Insight and Inspiration for Meeting Life's Challenges

Sayings of Paramahansa Yogananda

Inner Peace
How to Be Calmly Active and Actively Calm

Living Fearlessly
Bringing Out Your Inner Soul Strength

The Law of Success

How You Can Talk With God

Why God Permits Evil and How to Rise Above It

To Be Victorious in Life

Cosmic Chants

Аудио Снимци Парамаханса Јогананда

Beholding the One in All

The Great Light of God

Songs of My Heart

To Make Heaven on Earth

Removing All Sorrow and Suffering

Follow the Path of Christ, Krishna, and the Masters

Awake in the Cosmic Dream

Be a Smile Millionaire

One Life Versus Reincarnation

In the Glory of the Spirit

Self-Realization: The Inner and the Outer Path

Остала издања
Self-Realization Fellowship

The Holy Science
— Swami Sri Yukteswar

Only Love
Living the Spiritual Life in a Changing World
— Sri Daya Mata

Finding the Joy Within You
Personal Counsel for God-Centered Living
— Sri Daya Mata

Intuition
Soul Guidance for Life's Decisions
— Sri Daya Mata

God Alone
The Life and Letters of a Saint
— Sri Gyanamata

"Mejda"
The Family and the Early Life of Paramahansa Yogananda
— Sananda Lal Ghosh

Self-Realization Magazine
(часопис који је покренуо
Парамаханса Јогананда 1925. године)

Двд (документарни филм)

Awake: The Life of Yogananda.
Награђивани документарац о животу и раду
Парамахансе Јогананде

www.ingramcontent.com/pod-product-compliance
Lightning Source LLC
Chambersburg PA
CBHW032140040426
42449CB00005B/339